(2me Série)

LES ÉLECTIONS COMMUNALES

DE SAINT-BENOIT

Devant

LA POLICE CORRECTIONNELLE

PAR

VICTOR GRENIER

Prix : 1 franc 25

Typ. P. Grenier, Saint-Denis, (Réunion)

1878

POLICE CORRECTIONNELLE DE St-DENIS.

—o—

(Suite du Procès Louis Brunet & consorts.)

Nous reprenons aujourd'hui la relation du procès relatif aux élections de St-Benoit , au point
où nous étions parvenu dans notre dernière
brochure.

Nous sommes aux premiers jours de février,
la chaleur est excessive, le thermomètre mar-
que 34 degrés à l'ombre. La salle où se tient
ordinairement les audiences de la police correctionnelle était trop petite pour contenir la quantité des témoins et des accusés : le public n'y
pouvait pas trouver de place, on y étouffait lit-
téralement. Le tribunal s'était transporté au rez-
de-chaussée du Palais de Justice, dans la salle
consacrée aux audiences ordinaires de la Cour
d'Appel. Là, on trouve un peu plus d'air, il y a
un panka. On se demande pourquoi on a refusé
ce meuble de première nécessité au tribunal,
quand on l'a donné à messieurs de la cour ? —
Est-ce que les lois de la hiérarchie judiciaire
commandent de laisser étouffer les magistrats

des tribunaux inférieurs, quand ceux des tribunaux supérieurs peuvent jouir d'une température un peu plus supportable ? — Nous ne le pensons pas, et il nous semble qu'en temps de république, où l'on doit voir régner la liberté, l'égalité et la fraternité, ce n'est point une proposition séditieuse, que celle de réclamer un panka pour le tribunal de Première Instance, et même pour la salle d'audience de la Justice de Paix.

Les réflexions qui précèdent, nous sont inspirées par une remarque que nous avons faite, pendant le cours des débats de l'affaire dont nous nous occupons actuellement. Nous avons dit qu'il n'y avait pas de place dans le prétoire pour recevoir le public, mais il y a des personnages pour lesquels il faut toujours trouver une place. Il paraît que M. Gabriel Lahuppe est un de ces personnages privilégiés. Dédaignant le populaire qui se bousculait dans la salle, le Gros éditeur du « Moniteur » s'était installé dans un fauteuil monumental placé derrière les juges. Dites après cela, qu'on ne gagne rien à être commandant des milices ! — Car ce n'est pas comme écrivain dans le « Moniteur », — ce n'est pas comme orateur au Conseil général, — que M. Gabriel Lahuppe occupait un des fauteuils réservés ordinairement aux magistrats qui veulent assister à des audiences, où ils ne sont pas appelés en qualité de juges. Alors quoi ? C'est donc à sa haute position de commandant des milices que le citoyen Gabriel devait cet honneur.

Et bien, malgré sa place privilégiée et sa large chaise aux ornements gothiques, le citoyen Gabriel souffrait visiblement de la chaleur Son front dénudé était couvert de sueur. Pour un peu, et si la chose avait duré le temps nécessaire à l'incubation ordinaire, cet œuf d'autruche aurait peut-être pu éclore et donner naissance à un palmipède spécial, que notre savant ingénieur communal, qui part par la prochaine malle pour France, aurait pu présenter avantageusement au Jury, chargé de recevoir les produits intertropicaux, pour la prochaine exposition universelle. Il va sans dire, que notre majestueux conseil de commune lui aurait donné pour cela un mandat officiel spécial, avec accompagnement de congé, solde entière et subvention honnête ! — Et parbleu, sac à papier ! en temps de république il faut faire prévaloir la formule « services pour services » et celui qui est chargé de présenter un canard, au nom de sa patrie créole, mérite bien, quand le diable y serait, l'honnête rémunération de huit mille francs, tout en se donnant le plaisir de visiter la grande exposition universelle.

Quelle blague ! nous dira-t-on, et comment un palmipède peut-il éclore de la tête de ce beau citoyen Gabriel ?

— Monsieur, par le temps qui court, avec les conseils électifs qui nous gouvernent, avec les journaux qui nous éclairent, il ne faut plus douter de rien, et il faut s'attendre à tout, il faut croire possible le retour de la fable antique, et puisque Minerve est sortie armée de pied en cap du cerveau de Jupiter, on ne voit pas pourquoi un palmipède ne sortirait pas du crâne du gros citoyen Gabriel.

Il faut s'attendre à tout : oui ! — Mais voici une chose à laquelle on ne s'attendait guère, et même à laquelle on ne s'attendait pas du tout : nous voulons parler de la série singulièrement extraordinaire des lettres extra-lyriques sur la vie Salazienne, échappées à l'imagination vagabonde de ce pauvre Thomy le Nazillard, probablement atteint d'un accès de fièvre maligne, qui a fait déménager son cerveau et lui a inspiré un genre de littérature, dont on n'avait jamais entendu parler jusqu'à nos jours.

Citons textuellement pour ne pas être accusé de nous moquer gratuitement de nos lec-

teurs. Voici ce qu'on lit dans le « Moniteur »,
à la date du samedi, 16 février 1878 :

LA VIE SALAZIENNE

Première lettre.

Hell-Bourg, 13 février 1878.

« A tous seigneurs , tout honneur ! Salut
d'abord à vous, Monts Géants (ceci prête à l'am-
phibologie, on dirait que le citoyen Thomy s'a-
dresse à un géant de sa connaissance) Rois de la
terre, qui nous dominez de toute votre hauteur,
et qui nous couvrez de votre ombre protectrice.

« Votre règne est éternel ; vous levez hardi-
ment vers le Ciel votre front qui ne craint, ni
l'injure des temps, ni la chûte des années. »

C'est le cas de nous écrier avec le sergent du
Châlet revenant du service de l'Autriche :

Arrêtons-nous ici, l'aspect de ces montagnes,
D'ivresse et de plaisir fait tressaillir mon cœur !

Mais en vérité, l'éminent rédacteur du Moniteur s'abandonne avec beaucoup trop de négli-
gence à sa verve lyrique. Au peu de soin qu'il
met à observer les règles de la raison et de la

langue française, ne dirait-on pas qu'il se moque de ses lecteurs ? — Que signifient ces monts qui nous dominen' de toute leur hauteur ?—Dominer de toute sa hauteur! il y a dans cette locution l'expression d'un dédain superbe qui ne convient guère à une montagne. Quand M. Guizot jetait à ses adversaires cette fière parole : « Je vous domine de toute la hauteur de mon dédain, » M. Guizot parlait français, mais un pareil langage peut-il être appliqué à une montagne de Salazie? Et puis, M. Thomy Lahuppe en disant á ces monts que « leur règne est éternel et qu'ils ne craignent ni l'injure des temps ni la chûte des années , » a-t-il pensé aux éboulis perpétuéls des montagnes de Salazie, et notamment au sinistre du Grand Sable, que dans sa science profonde de géologue sorcier, il nous apprend, luimême, qu'il avait prédit plus de trois ans avant l'evènement ?

Quoiqu'il en soit, l'éminent Rédacteur du « Moniteur » persiste à vouloir introduire dans notre Colonie cette littérature abracadabrante,en présence de laquelle le lecteur se demande, si l'auteur est fou, ou bien s'il a juré de se moquer de ses abonnés. Citons une dernière phrase qui s'adresse encore aux « Monts salaziens; » —Voici :

« Grace à vous, on trouve ici une végétation de parasols et une température de flanelle. »

Entendez-vous ? — Une végétation de parasols, et une température de flanelle ! Après cela il faut tirer l'échelle.

C'est cette température spéciale qui, au moment où nous avons aperçu derrière les juges le front ovoïde du citoyen Gabriel, nous a entraîné dans une digression, dont nous demandons pardon à nos lecteurs. Nous reprenons la suite de notre narration, du procès relatif aux élections de St-Benoit, que nous appellerons désormais « affaire Louis Brunet et consorts, » le président, ayant, sur une réclamation que nous avons fait connaitre dans notre précédente brochure, changé l'ordre dans lequel les accusés se présentent sur le banc de la police correctionnelle. Dans cet ordre nouveau, M. Louis Brunet est, comme il doit être, en tête de la liste des accusés.

Après avoir fait connaître la déposition de M. Bellier de Villentroy, nous analyserons celle de M. Tourneux, commissaire principal, qui a été chargé du service de la police à St-Benoit pendant les élections du 25 novembre dernier.

M. Tourneux n'a pas le bonheur de jouir des sympathies de beaucoup de républicains radicaux de St-Benoit, contre lesquels il a fait dresser une certaine quantité de procès-verbaux pour délit d'ivresse. Que voulez-vous ! on ne peut pas contenter tout le monde et son père. M. Tourneux fonctionnaire habile et intelligent, est obligé de se consoler d'avoir soulevé certaines ini mitiées contre sa personne, car il y a à cela de larges compensations qu'il trouve dans l'estime des honnêtes gens et dans la haute faveur de l'administration supérieure dont la confiance vient de l'appeler à diriger la police de Saint-Denis. Que lui importe, maintenant que ces petits avocats qui cherchent à gagner leurs éperons dans une cause retentissante, viennent lui reprocher d'avoir des regards de lynx pour les uns et des yeux de taupe pour les autres. Il reste au-dessus de ces grotesques appréciations.

M. Tourneux a assisté aux élections municipa'es de Saint-Benoit, dans la journée du 25 novembre dernier. Dès la veille, on était venu le prévenir, qu'on faisait pratiquer dans le mur de l'emplacement de M. Louis Brunet, du côté de la Rue Saint-Philippe, une brèche qui devait donner passage aux électeurs. Dans la matinée du 25, M. Tourneux s'est assuré lui-même de l'existence de cette brèche, par laquelle il a vu des électeurs s'introduire dans le dit emplacement.

Coulons de suite, tout ce qui se rattache à cette fameuse brèche dans ce singulier procès. M. Tourneux n'avait pas vu la brèche avant la journée du 25 novembre ; il pense qu'elle a été pratiquée en vue des élections qui ont eu lieu ce jour, à Saint-Benoît. Un meneur de M. Louis Brunet, se serait vanté d'avoir eu l'idée de cette brèche qui aurait, selon lui, assuré le succès de son parti dans la journée du 25 (?).

D'un autre côté, M. Junquet, témoin à charge, est venu déposer que la brèche était de création nouvelle, et constituait, à son point de vue, une véritable manœuvre électorale (?) — M. Junquet est médecin, et pour exprimer sa pensée d'une façon plus saisissante, il déclare qu'il a vu dans la brèche « uue cicatrice récente ». — C'est ce qui s'appelle sans doute, parler suivant Hippocrate, et employer doctement les termes de l'art chirurgical ; mais permettez ! honorable praticien, — le mot cicatrice rend-il bien votre pensée, et n'avez-vous pas voulu dire plutôt « plaie béante ? » — Oui, sans doute ; car cicatrice indiquerait peut-être une plaie fermée et alors comment aurait-elle donné passage au fourmillement vertimulaire électoral dont vous avez parlé ?

Plusieurs autres témoins sont encore venus déposer à propos de l'existence de cette brèche. Les uns prétendent qu'elle existait de temps immémorial, MM. Wikers et Désaifres déposent dans ce sens, d'autres, soutiennent que la brèche est un cas pendable et M. Ernest Hoareau est de cette dernière opinion.

La déclaration claire et loyale de M, Louis Brunet nous semble de nature à mettre tout le monde d'accord, sur ce point qui d'après l'observation du ministère public, lui-même, n'a pas l'importance qu'on semble vouloir lui donner :

M. Louis Brunet déclare que lorsqu'il est venu habiter l'emplacement qu'il occupe actuellement, la brèche dont il est question existait au mur qui donne sur la rue Saint-Philippe : ceci est conforme aux témoignages de MM. Wikers, Désaifres et autres témoins à décharge ; mais M. Louis Brunet ajoute loyalement, que la veille des élections du 25, il a fait enlever par un maçon une pierre carrée assez large, qui obstruait le milieu de cette brèche, et le maçon, en même temps, a disposé en talus de chaque côté du mur, les pierres qui se trouvaient sous sa main pour rendre plus facile l'entrée de l'emplacement par la brèche. Cette dernière partie de la déclaration de M. Louis Brunet, explique la déposition des témoins à charge, qui ont parlé de la brèche et fait comprendre « la cicatrice récente » chirurgicalement indiquée par l'honorable praticien, monsieur Junquet.

Somme toute, disent les avocats de la défense,

qu'importe que cette brèche ait existé ou n'ait pas existé ? — Est-ce qu'une brèche, cicatrice récente, ou plaie béante, est un délit électoral ? — Non ! M. Louis Brunet pouvait bien en faire vingt dans le fond de son emplacement, sans en courir aucune espèce de pénalité. Ce qu'il ne pouvait pas faire, sans se mettre en contravention avec la loi, sans se rendre coupable de manœuvres délictueuses, c'était d'emparquer les électeurs pour les envoyer ensuite voter sous bonne escorte. Mais comment emparquer, c'est-à-dire, emprisonner des gens au moyen d'une brèche qui reste ouverte et par laquelle on peut aussi bien entrer que sortir. Donc, il ne faut plus parler de cette brèche. Ceci fournit à Me Champon, un des avocats les plus spirituels de la défense, l'occasion de hasarder un calembourg qui a eu du succès : « Il n'y a plus de brèche, s'est-il écrié, ou plutôt, s'il en existe une, c'est dans le flanc de l'accusation qu'elle se trouve ! »

Reprenons la déposition de M. Tourneux. Dans la journée de 25 novembre dernier, après avoir passé par la rue Saint-Philippe pour se rendre compte de la brèche dont nous avons parlé, M. Tourneux se rendit à la mairie où siégeait le bureau électoral du premier arrondissement de Saint-Benoit. Ce bureau était présidé par le maire. Il était 9 heures du matin. En arrivant, M. Tourneux pût jouir d'une scène tumul

tueusement grotesque, et qui donne une singulière idée de la façon dont le suffrage universel
est compris et pratiqué dans notre heureuse Colonie modèle. Modèle de quoi ?— De perspica-
cité électorale sans doute, s'il faut en croire sur
parole, nos représentants élus dans nos diverses
assemblées démocratiques, depuis le Parlement
et le Conseil général jusqu'aux modestes Conseils
municipaux ! — La sécurité publique n'était pas
menacée, non !— Mais il y avait tumulte, tapage
et désordre. La foule se ruait autour de la salle
où siégeait le bureau électoral, on poussait des
cris, on se bousculait. La police était insuffisante,
il fallut requérir la gendarmerie.

Il faut dire quelle était la cause de cette émo-
tion populaire. Voici :

Les meneurs, ou courtiers d'élections des deux
partis opposés, se disputaient un électeur du
nom de Riga — Ce citoyen est l'homme de service à gage de M. Collet, lequel était porté sur la
liste opposée de celle de M. Louis Brunet. Et
cependant Riga sortant de l'emplacement de ce
dernier, était conduit au scrutin par des meneurs
opposés à la candidature de son patron. C'est ce
que les partisans de M. Collet ne pouvaient pas
tolérer. De là la rixe, on s'arrachait Riga. Le mal-
heureux était trainé d'un coté par Emart Caliste
et de l'autre par Edouard Fruit-à-Pin, deux me-

neurs de M. Collet. Mais les adversaires ne lâchait pas Riga, et la foule suivait en criant : il votera, il ne votera pas ! — Bref, Riga fut délivré par la police et la gendarmerie, et M. Collet put lui faire déposer librement son bulletin de vote dans l'urne électorale.

L'ordre s'était rétabli : c'est alors que M. Tourneux rencontra M. Louis Brunet, qui vint à lui, pour le prier de vouloir bien l'accompagner, aux fins de protéger des électeurs, qui de l'emplacement Louis Brunet, voulaient se rendre à la mairie pour voter. M. Tourneux est un vieux singe á qui il ne faut pas apprendre à faire la grimace, il crut comprendre que M. Brunet lui demandait d'intervenir, afin de donner á sa candidature un semblant d'attache administrative. M. Tourneux refusa de suivre M. Louis Brunet, mais il envoya avec lui deux agents de police, chargés, en cas de besoin, de maintenir l'ordre dans la rue, et d'assurer la liberté de la circulation. Les deux agents revinrent quelque temps après : personne ne troublait l'ordre, et rien n'entravait la circulation.

Tels sont les points les plus saillants de la déposition de M. Tourneux.

Quant à cette fameuse histoire du drapeau blanc, qu'on aurait arboré sur la voiture où se trouvait le maire de St-Benoit, le soir des élections du 11 novembre, — où qu'on aurait promené dans les rues du quartier et sous la varangue de la mairie. M. Tourneux ne peut rien en dire : il n'a pas vu cette grotesque manifestation, que l'on peut considérer comme un canard, de la création d'un esprit malade, surrexcité par l'esprit de parti et les haines politiques.

Mais, d'après ce que nous venons de voir dans la correspondance de nos représentants, dernièrement reçue par la malle, il paraît que MM. Laserve et de Mahy, dûment renseignés par des âmes charitables, auraient pris au sérieux cette immense plaisanterie. C'est fâcheux ! En vérité cela ne fait pas honneur à la judiciaire de nos représentants coloniaux. Ils ont montré, dans la circonstance, une naïveté qu'on regrette de rencontrer chez des hommes sérieux, chargés du mandat de représenter leurs concitoyens. Quoi ! ajouter foi à de semblables bouffonneries, et à des dénonciations ridicules, aller en remplir les oreilles d'un ministre, c'est vraiment incroyable ! — Et cependant, il faut bien se rendre à l'évidence, nos représentants ont demandé une enquête sur ces faits, et l'enquête se fera. Il est facile d'en prévoir le résultat. On ne peut pas admettre que des gens sérieux se soient livrés à des manifestations, dont la portée est aussi ridicule qu'insignifiante dans la colonie. Dans quel but promener un drapeau blanc à St-Benoît ? —

Dans quel but crier Vive le Roy ? — En France cela peut avoir une signification, un résultat, un danger ; mais à Bourbon, les manifestations de nos légitimistes coloniaux peuvent-elles faire avancer d'un pas les affaires du comte de Chambord. — Tout au plus, puisqu'il y a des gens qui affirment les faits dénoncés, on peut les expliquer par la capacité intellectuelle de nos manifestants ordinaires, qui se composent des gens illettrés : cafres, indiens, malgaches, accompagnés de la canaille et de la marmaille de l'endroit. A chaque évènement remarquable dont la nouvelle se répand chez nous, on voit des gens, courir les rues, avec des pavillons, des fleurs, des pétards et des cris patriotiques dont le plus connu et le plus usité est celui de : Vive le Roy, la gamelle et les pois ! — Les pavillons sont des mouchoirs ou des serviettes. C'est ce qu'on a fait à Saint-Denis, le soir de l'élection de M. de Mahy, c'est peut-être ce qu'on a fait à Saint-Benoit, le jour de l'élection de M. Bellier de Villentroy. Que maintenant, si les bouquets qui enveloppaient quelques pavillons, contenaient des fleurs de lys, quoi d'étonnant pour celui qui sait que cette fleur est excessivement commune dans les habitations du Quartier. — Il n'y a pas dans tout cela de quoi fouetter un chat !

Examinons actuellement les dépositions de quelques témoins à charge, qu'il est nécessaire de connaître pour se rendre un compte exact de tous les éléments de l'accusation :

Déposition de M. Ernest Hoareau. — M. Ernest Hoareau, est un petit homme, maigre, sec et nerveux, dont les allures et la constitution physique semblent indiquer, au moral, un caractère ferme et singulièrement énergique. Il a été maire de Saint-Joseph, et habite actuellement le quartier de Saint-Benoit, en qualité de dépositaire-comptable au Dépôt central de cette commune. Comme on le voit, c'est un fonctionnaire, mais il dépend de la direction des Contributions indirectes et nullement de la municipalité de Saint-Benoit, dont le maire n'a, et ne peut avoir sur lui, aucun moyen d'action, ni directe, ni indirecte. Ceci est bon à noter, pour répondre d'avance à certaines critiques soulevées par les avocats de la défense, et réfutées énergiquement par le ministère public. Il faut reconnaître néanmoins, que le témoignage de M. Ernest Hoareau, a été empreint d'une certaine énergie excessive, de nature à provoquer les observations des avocats de la défense.

Dans l'ordre des considérations politiques, M. Ernest Hoareau, paraît-être, en effet, un conservateur passionné. La déposition qu'il a faite devant le tribunal, ressemblait à un véritable réquisitoire. Après avoir prêté serment et décliné rapidement ses noms, âge, profession et domicile, il a défilé son chapelet sans attendre même les demandes du Président. Ce fut un discours en quatre points, qui paraît avoir été préparé.

« J'ai dit-il, à renseigner le tribunal sur quatre points que je vais traiter successivement. Le premier est relatif à la brèche pratiquée dans le fond de l'emplacement de M. Louis Brunet : Le second se rapporte à l'incident du vote Cochard : Le troisième contiendra des appréciations sur la physionomie générale des élections et l'état des partis à Saint-Benoit ; enfin, je vais terminer par ce que je sais au sujet des outrages adressées par M. Charles Brunet, au maire de Saint-Benoit. »

Comme on le voit, ce cadre est assez vaste, et M. Ernest Hoareau, le remplit avec énergie, mais non pas sans exciter les murmures et les réclamations de ses adversaires.

—Quant à la brèche, M. Hoareau, soutient qu'elle a été pratiquée la veille des élections du 25 novembre, dans un but de manœuvres électorales, et il s'elève contre le dire de ceux qui prétendent qu'elle avait été pratiquée depuis longtemps, et que son existence remonte à des temps antiques et immémoriaux contemporains de Mascarenhas ? — Nous savons à quoi nous en tenir sur ce point des débats que nous croyons avoir élucidé plus haut d'une manière complète.

— Passons au second point, c'est l'incident Cochard. — M. Ernest Hoareau qui était membre du bureau a vu Camille-Chrétien Cochard, se présenter pour voter sous le nom de son cousin Auguste Cochard, et il affirme qu'il était conduit par M. Louis Brunet qui a lu sur un morceau de papier qu'il tenait à la main : Pierre-Auguste Cochard, avec le numéro afférent à ce nom sur la liste électorale Quand l'oncle de Chrétien Cochard a protesté contre le vote de son neveu, mineur, et usurpant le nom de son cousin, M. Louis Brunet, suivant le témoin, aurait insisté pour le faire voter en disant qu'il pouvait bien se trouver deux individus portant le même nom de Pierre-Auguste Cochard, et ayant tous les deux le droit de voter. — Ce propos a été repoussé énergiquement par Louis Brunet, qui déclare, qu'il a tout simplement dit, en se retirant, qu'il s'en rapportait à la décision du bureau. Des témoins à décharge ont déposé dans ce dernier sens.

Passant ensuite au troisième point de sa déposition, concernant la physionomie générale des élections de Saint-Benoît dans la journée du 25 novembre dernier, M. Ernest Hoareau déclare que ces élections se sont faites de la manière la plus déplorable ; des meneurs s'emparent des électeurs inconscients et les font voter pour un verre de rhum, ou une pièce d'argent : voilà où en est actuellement dans la colonie l'application du suffrage universel. « Quant à Saint-Benoit, les choses se passent de la façon la plus triste: on a dit qu'il y avait dans cette localité deux partis, celui du maire et celui de M. Louis Brunet, —le parti conservateur et le parti républicain,— Non ! c'est une erreur ! Il n'y a à St-Benoit que le parti «de l'ordre et le parti du désordre. »

Nous devons dire que ces derniers mots, empreints d'une certaine exagération, ont sou evé des murmures dans différentes parties de la salle. Cela n'a pas empêché M. Hoareau de continuer sa déposition sur le même ton, et il a fini en racontant ce qui s'est passé entre M. le maire et M. Charles Brunet, à propos du procès-verbal d'outrages redigé contre ce dernier. M. Hoareau rapporte que loisque, M. le maire, a répliqué à M. Charles Brunet : « Je suis maître de la police de la salle et n'ai de leçons à recevoir de personne » M. Charles Brunet a répondu avec un air agressif et provocateur : « Eh bien moin j'en donne ! »

— Comme c'est l'air qui fait la chanson, cette dernière partie de la déposition de M. Hoareau serait grave contre M. Charles Brunet, si elle n'avait pas été contredite, comme nous l'avons vu plus haut, par plusieurs autres témoignages dignes de foi.

Terminons maintenant ce que nous avons à dire des témoins à charge, en faisant connaître les dépositions de MM. Arthur Vergoz et Chateau.

M. Arthur Vergoz, dépose devant le tribunal, que le 25 novembre, à 9 heures du matin, au moment où il sortait de chez lui pour se rendre à la mairie, dans l'intention d'y aller déposer son vote, il a vu passer un groupe d'électeurs qui se dirigeaient aussi vers la mairie dans la même intention que lui. Mais ces électeurs furent arrêtés en pleine rue par M. Lefèvre Fortuné, clerc de notaire, chez M. Louis Brunet, qui les interpella en ces termes : « O vous autres, où allez-vous comme ça ? — Nous allons voter, répondirent-ils ? — Eh bien venez-ici, il y a de l'argent pour vous.

— Combien ?

— Vingt-cinq francs ! ajouta M. Fortuné Lefèvre. »

Et M. Vergoz a vu le groupe d'électeurs se rendre à l'appel de M. Fortuné Lefèvre, qui les a fait entrer dans l'emplacement de M. Louis Brunet, d'où ils sont sortis quelque temps après pour se rendre au bureau électoral.

Cette déposition de M. Arthur Vergoz, est corroborée par les dépositions de MM. Chateau et Lemarié, lesquels viennent affirmer qu'ayant rencontré M. Arthur Vergoz, ce dernier leur a raconté d'une voix émue ce que nous venons de rapporter plus haut.

Cette déposition était grave pour M. Fortuné Lefèvre, qui a cru devoir la combattre en faisant entendre contre les allégations de M. Vergoz deux témoins à décharge. Ce sont deux de ses amis, parmi lesquels un sieur Moulson, qui sont venus déclarer, devant le tribunal, qu'ils n'avaient pas quitté M. Fortuné Lefèvre, dans la journée du 25 novembre dernier, depuis le matin jusqu'à une heure avancée de l'après-midi, et qu'ils n'avaient nullement entendu M. Lefèvre proférer le propos, et se rendre coupable des menées électorales dont parle M. A. Vergoz, et après lui, M. Chateau,

En présence de ces dépositions diamétralement opposées, le tribunal appréciera. M. A. Vergoz occupe à Saint-Benoit la position de syndic des gens de travail : son honorabilité ne fait de doute pour personne, et il paraît-être tenu en haute estime dans l'administration supérieure.

Quant à M. Chateau, c'est aussi un fonction

naire très-honorable. Il est receveur de l'enregistrement à Saint-Benoit.

o

M. Louis Brunet, au cours de la déposition de M. Chateau fait poser à celui-ci la question de savoir, s'il n'est pas depuis quelques temps son ennemi personnel ? — Oui, répond catégoriquement M. Chateau, nous sommes ennemis, et c'est probablement parce qu'il m'est arrivé dans l'exercice de mes fonctions, de remplir mon devoir contre M. Louis Brunet, en dressant contre lui une vingtaine de procès-verbaux, et en lui infligeant de nombreuses amendes pour infraction de la part du notaire Louis Brunet, aux lois sur l'enregistrement.

— Ces procès-verbaux ont été annulés par le chef du service, répond M. Louis Brunet.
— Deux fois seulement, réplique M. Chateau.

Le fait est, que le tribunal peut constater qu'il existe un inimitié incontestable entre le témoin et l'accusé. M. Louis Brunet a refusé publiquement la main à M. Chateau, en lui reprochant d'avoir tenu sur les dames de Saint-Benoit des propos étranges, que M. Chateau a eu le bon sens de désavouer, mais dont M. Louis Brunet n'est pas seul à Saint-Benoit, à le croire toujours coupable. Tous ces détails sont évidemment 'e nature, malgré l'honorabilité administrative de M. Chateau, a jeter une certaine suspicion sur son témoignage, en ce qui concerne M. Louis Brunet.

Nous ne nous occuperons pas d'avantage des dépositions des autres témoins à charge qui ont été entendus dans le cours des débats, ces dépositions sont nombreuses, puisqu'il y a eu 35 témoins à charge, entendus à la requête du ministère public, et se rapportent toutes, ou à peu près toutes, aux faits principaux que nous avons fait connaître jusqu'à ce moment.

Il est inutile de les analyser. Passons aux témoins à décharge.

Comme nous l'avons dit précédemment, la défense avait fait assigner 59 ou 60 témoins à décharge : mais elle a renoncé à faire entendre la plupart de ces témoins. Il en est resté néanmoins une quantité assez respectable pour prolonger les débats pendant 14 ou 15 séances. Nous ferons pour les témoins à décharge, ce que nous avons fait pour les témoins à charge, c'est-à-dire, que nous ferons connaitre quelques dépositions que nous croirons utiles pour l'intelligence des débats et la manifestation de la vérité.

Une remarque que nous devons faire en commençant, c'est que tous ces témoins à décharge ont refusé à peu près unanimement la taxe. A l'exception d'un ou deux. Cependant nous remarquons parmi ces témoins, beaucoup de gens qui n'ont pas l'air de jouir des faveurs de la fortune et rouler sur l'or et l'argent. Ils sont venus de loin : on leur doit une indemnité de route de plus de 20 fr. Il faut qu'ils vivent à Saint-Denis pendant plusieurs jours, ils peuvent réclamer une indemnité de séjour de plus de 4 fr. par jour : ils refusent tout cela. Est-ce par dévouement à la personne de M. Louis Brunet, ou bien ces témoins qui se disent tous des partisans convaincus de l'opinion républicaine, croient-ils obligés à tous les sacrifices, dans l'intérêt du triomphe de leurs opinions.

Ce qu'il y a d'incontestable, et ce qu'il faut surtout remarquer, c'est que tous ces témoins à décharge professent hautement pour la personne de M. Brunet, la plus grande estime. Ils ne tarissent pas d'éloges, en parlant de son caractère chevaleresque, de son mérite incontestable et de ses vertus publiques ou privées. C'est souvent de l'enthousiasme. On dira peut-être que M. Louis Brunet n'a fait citer que ses amis comme témoins à décharge. Possible, mais toujours est-il, qu'il est honorable d'avoir tant d'amis dévoués. Nous avons vu plus haut que M. Louis Brunet, à aussi beaucoup d'ennemis. C'est toujours la confirmation de ce vieux dicton : « On ne peut pas contenter tout le monde et son père. »

En commençant l'analyse des dépositions des témoins à décharge, nous ferons connaître textuellement le témoignage de M. Adam de Villiers, vieillard de 62 ans, gérant d'un établissement de sucrerie dans le canton de St-Benoit. Cet honorable vieillard s'est exprimé en ces termes :

« Il y a huit ans que je connais M. Louis Brunet, je l'ai toujours connu comme un brave et honnête homme, surtout comme un homme excessivement bon, ayant le cœur sur la main. Nous avons toujours été en relations de famille, et en dernier lieu, nous nous sommes trouvés tous deux portés sur la même liste, pour le conseil municipal de Saint-Benoit.

« Le dimanche avant les élections du 11, nous nous trouvions tous au cercle, non-seulement ceux qui étaient portés sur notre liste, mais d'autres personnes encore, lorsque M. Emmuabald Robert, qui ne fait pas partie de notre cercle, nous fit appeler et nous dit : Messieurs, nous sommes tous portés sur la même liste, les élections doivent avoir lieu dimanche prochain, et je dois vous avertir que je sais positivement que l'on travaille de tous les côtés. L'on dépense beaucoup d'argent, si nous ne faisons rien, nous n'arriverons jamais. M. de Villeneuve a pris la parole et a dit : Quant à de l'argent nous n'en avons pas, et, en aurions-nous, que ce serait honteux d'employer un pareil moyen pour arriver au conseil municipal. M. Louis Brunet a ensuite pris la parole et a dit: Je suis du même avis que vous ; si nous succombons, nous succomberons avec honneur.

« Depuis deux ou trois ans, nous faisons tous deux partie du comité du cercle ; j'ai toujours remarqué que M. Louis Brunet, quoique plus jeune que nous, était toujours le premier à nous rappeler à nos statuts quand nous nous en écartions. J'ai toujours vu dans lui un noble et honnête caractère, tout dernièrement encore, lorsque la France était attaquée, lorsque les ennemis menaçaient d'envahir son territoire, je l'ai vu, seul soutien de sa famille infortunée, quitter le sol natal, dire adieu à tous ceux qui lui étaient chers, pour aller offrir à la France son sang et sa vie.

« Je ne puis donc croire qu'un aussi noble cœur renie tous les principes auxquels il est attaché, pour aller faire de viles manœuvres afin d'arriver au conseil Municipal. »

Cette déposition faite d'une voix émue par un vieillard honorablement connu de tout le monde et jouissant de l'estime générale, devait produire et a produit, en effet, une vive impression dans toutes les parties de l'auditoire.

Avec M. Adam de Villers, d'autres témoins d'une incontestable honorabilité sont venus déposer en faveur de M. Louis Brunet dont ils ont tous vanté le caractère chevaleresque. Parmi ces témoins nous devons citer :

M. Charles Dureau de Vaulcomte, président du Conseil général pendant la dernière session ordinaire de l'année qui vient de s'écouler ;
M. Champierre de Villeneuve, commandant des milices de Saint-Benoit et l'un des chefs les plus autorisés du parti libéral dans son quartier ;

MM. Silvain Robert, Mérandon, Diomat, Baunaudet, Charles Désaifres et autres, qui portent tous des noms avantageusement connus dans le pays. Tous, ils ont fait l'éloge le plus flatteur de M. Louis Brunet. M. Charles Désaifres, surtout dans l'expression de son enthousiasme nous a rappelé ce vers de Zaïre :

L'art n'est pas fait pour toi, tu n'en as pas besoin,

Il s'est écrié que les manœuvres électorales d'une certaine nature ne sont pas faites pour M. Louis Brunet, il n'en a pas besoin !

Les témoins à décharge ont été tous d'accord pour établir ce fait utile à la défense de M. Louis Brunet, à savoir que celui-ci avait complètement retiré sa caudidature pour les élections au conseil municipal, après l'échec qu'il avait éprouvé avec tout son parti dans la journée du 11 novembre dernier. M. Louis Brunet avait résolu de rester étranger aux élections qui se préparaient pour le 25 novembre. Jusqu'à la veille de ce jour il avait décidé que le dimanche jour des élections, il s'absenterait de Saint-Benoit, et irait passer la journée en famille é Saint-André. Il avait même invité à diner dans cette localité un de ses amis qui est venu déposer du fait. C'est à la dernière heure, et sur les instances réitérées de ses amis, que M. Louis Brunet a consenti à se porter, ou à se laisser porter aux élections du 25 novembre. C'est par suite d'une espèce de ruse de famille que M. Louis Brunet n'a pas quitté Saint-Benoit le dimanche 25 novembre, et qu'il a renoncé à aller passer la journée à St-André, où il avait, nous l'avons dit plus haut, invité á diner un de ses amis. Voici en quoi a consisté cette ruse : M. Léonce Brunet, frère de M. Louis Brunet, a fait avertir celui-ci qu'il viendrait avec sa famille passer la journée du 25 avec lui à St-Benoit. M. Louis Brunet n'a pas pu répondre à son frère par un refus et il est resté.

Nous ne terminerons pas ce que nous avons à dire à propos des témoins à décharge, sans faire connaître la déposition de M. Emmanuel de Sigoyer, qui a donné lieu à un incident tout spé- et tout-à-fait de nature à jeter une légitime suspicion sur certains témoignages produits á l'audience.

Il s'agit du vote de Chrétien Cochard. Les avocats de la défense, qui pendant tout le cours des débats, semblent s'être mieux occupés de défendre leurs clients que d'accuser leurs prétendus adversaires politiques, voulaient établir que Chrétien Cochard, accusé d'avoir voté le 25 dans les conditions que l'on sait, pour la liste de M. Louis Brunet, avait, dans les mêmes conditions voté le 11 pour les candidats de la liste opposée à celle de M. Louis Brunet. M. Emmanuel de Sigoyer était assigné pour témoigner sur ce point. Il vint dire devant le tribunal que Thomy Cochard, un des cousins de Chrétien Cochard, lui avait affirmé, que ce dernier avait voté à l'époque des élections du 11 novembre pour la liste opposée à celle de M. Louis Brunet. Ce fait, ajouta M. de Sigoyer, m'a été rapporté par Thomy Cochard, qui m'a dit le tenir de Chrétien Cochard lui-même. Or, celui-ci nia d'une manière formelle tout ce qui était avancé par M. de Sigoyer. Il devint alors nécessaire de faire comparaître Thomy Cochard. Il fut appelé de St-Benoit, mais avant de venir à l'audience il eut le temps de communiquer avec Chrétien Cochard et avec une autre personne; aussi dans sa confrontation avec M. Emmanuel de Sigoyer vint-il soutenir avec effronterie, qu'il n'avait jamais tenu le propos que ce dernier lui imputait. Le tribu-

nal doit s'en tenir là et après avoir entendu sur
des faits particuliers plus ou moins importants le
reste des témoins à décharge, renvoya l'audience
au lendemain pour l'interrogatoire des accusés.

C'est alors que Me Leroy, avocat de la défense, demanda à faire revenir aux débats Thomy
Cochard, qui avait été entendu la veille. Ce citoyen accompagné de son frère vint dire devant le
tribunal qu'il rétractait tout ce qu'il avait dit la
veille, et qu'il venait avouer qu'il n'avait pas dit
la vérité, en contestant le dire de M. Emmanuel
de Sigoyer. Cette singulière rétractation qui n'était pas autre chose que l'aveu d'un parjure, valut à Thomy Cochard son arrestation immédiate
et sa mise en adjudication pour faux témoignage.
Il déclara qu'il avait agi d'après les conseils de
Romain Boyer.   (A continuer)

NOTA — Le tribunal a rendu, lundi dernier,
son jugement dont nous nous occupons.

Ont été acquittés sans dépens : MM. Louis
Brunet, Léonce Brunet, Charles Brunet, J.
Laurent, Arthur Leclos, Louis Athama, Charly
Ebarné et Guillaume Binard. — Ont été condamnés avec les dépens : Vallery Pierre, Soa
Joseph, Alexis Bardet, Calcinet Philippe, à 10
fr. d'amende. — Chrétien Cochard 3 mois de
prison, Fortuné Lefèvre 3 mois de prison, Armand Arthur 15 jours de prison. Nous publierons prochainement « in extenso » ce jugement remarquable par sa rédaction.